국어 교과서 따라

예쁘고 바른 글씨 쓰기

초판 1쇄 발행 | 2017년 04월 15일
초판 4쇄 발행 | 2021년 3월 30일
편저자 | NH 기획
발행처 | 도서출판 새희망
발행인 | 이석형
등록번호 | 제2016-000004호
주소 | 경기도 의정부시 오목로 150
전화 | 02-923-6718   팩스 | 02-923-6719
ISBN | 979-11-88069-00-2 63710

■ 정가는 뒤표지에 있습니다.

국어 교과서 따라

예쁘고 바른
글씨 쓰기

NH 기획 편저

새희망

어린이 여러분!

우리는 왜 글을 쓸까요? 어떤 생각을 누군가에게 전달하려는데 상대방이 없는 경우 글로 남겨 생각을 전달할 수 있기 때문입니다. 또는 불현듯 깨달은 생각을 잊지 않고 오래 기억하기 위해서입니다. 그런데 그 글의 모양이 알아볼 수 없다면 어떻게 될까요?

상대방은 글을 보아도 그 뜻이 무엇인지 알 수 없을 것이고 시간이 지난 후에 자신이 쓴 글을 보아도 내가 무슨 생각으로 이 글을 썼는지 알 수 없게 됩니다. 결국 글을 쓴 목적을 달성하지 못하고 맙니다.

이처럼 글씨를 바르게 쓴다는 것은 단지 멋있어 보이기 위해서가 아니라 글을 쓰는 목적을 올바로 달성하기 위한 것이기도 합니다. 또한 글자를 바른 자세로 정성 들여 쓰는 버릇을 들이다 보면 여러분의 몸도 바르게 자라고 집중력도 좋아지는 효과도 얻을 수 있습니다.

어린이 여러분!

예쁘고 바른 글씨 쓰기를 따라 차근차근 매일 조금씩 연습해 보아요! 얼마 지나지 않아 예쁘고 바르게 글씨를 쓰고 있는 자기 자신에 놀라게 될 거에요.

인터넷과 스마트 폰의 사용으로 글씨를 직접 쓰는 일이 점점 적어지고 있습니다. 그래서 어떤 사람들은 글씨를 예쁘고 바르게 쓰는 것이 필요 없는 시대가 올 것이라고 말하기도 합니다. 그러나 자동차가 있다고 우리가 걷지 않고 살 수 없듯이 컴퓨터가 있다고 글씨를 쓰지 않고 살 수 없습니다. 오히려 자동차의 시대에 올바른 걸음걸이가 더욱 강조 되듯이 컴퓨터의 시대에 예쁘고 바른 글씨의 중요성이 커지고 있습니다.

🔍 예쁘고 바른 글씨를 써야 하는 이유

예쁘고 바른 글씨를 쓰기 위해서는 반드시 바른 자세로 써야 합니다. 바른 자세는 몸이 곧게 자라는 데 도움이 됩니다. 예쁘고 바른 글씨를 쓰기 위해서는 반드시 정성을 들여야 합니다. 정성을 들인 글씨 쓰기는 집중력 향상에 큰 도움이 됩니다.

🔍 '예쁘고 바른 글씨 쓰기'의 특징

'예쁘고 바른 글씨 쓰기'에서는 국어 교과서에 나오는 글을 따라 쓰면서 연습하도록 하였습니다. 국어 교과서의 순서대로 장을 구성하여 학생들이 친숙한 문장으로 글씨를 연습할 수 있도록 하였습니다.

목 차

OO장

 ## 시작하기 전에

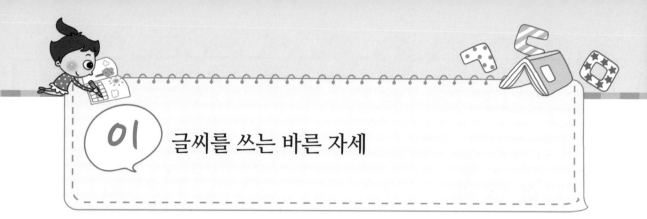

01 글씨를 쓰는 바른 자세

01 의자를 책상 쪽으로 당깁니다.

02 엉덩이를 의자 뒤쪽에 붙입니다.

03 허리를 곧게 폅니다.

04 고개는 약간 숙입니다.

05 공책을 똑바로 놓습니다.

06 글씨를 쓰지 않는 손으로 공책을 살짝 눌러 줍니다.

02 연필을 바르게 잡는 법

01 중지로 연필을 받쳐 주고 엄지와 검지를 모아서 연필을 쥡니다.

02 엄지와 검지는 동그라미 모양이 되도록 합니다.

03 동그라미가 되기 위해서는 엄지와 검지의 끝에만 힘을 살짝 주면 됩니다.

04 연필 심에서 3cm 정도 떨어진 위치를 잡습니다.

05 60도 각도를 유지합니다.

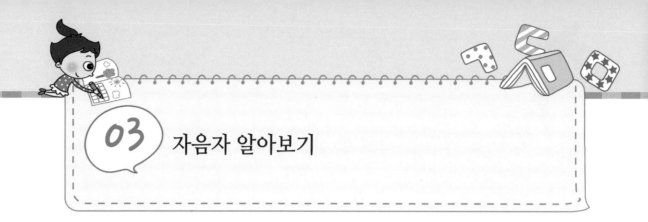

03 자음자 알아보기

 바른 자세로 앉아 글씨를 써 볼까요?

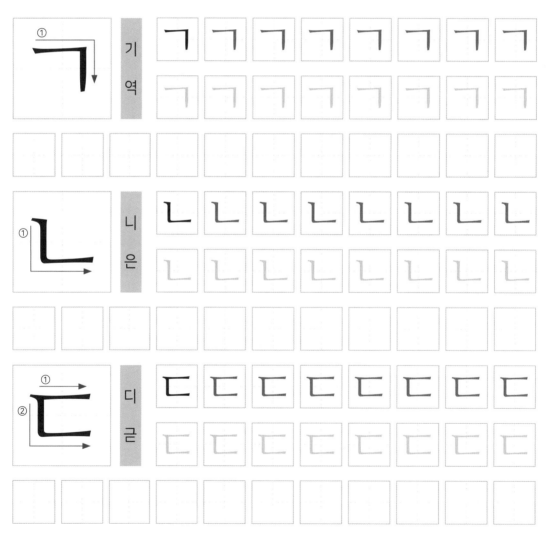

리을

ㄹ ㄹ ㄹ ㄹ ㄹ ㄹ ㄹ ㄹ

미음

ㅁ ㅁ ㅁ ㅁ ㅁ ㅁ ㅁ ㅁ

비읍

ㅂ ㅂ ㅂ ㅂ ㅂ ㅂ ㅂ ㅂ

시옷

ㅅ ㅅ ㅅ ㅅ ㅅ ㅅ ㅅ ㅅ

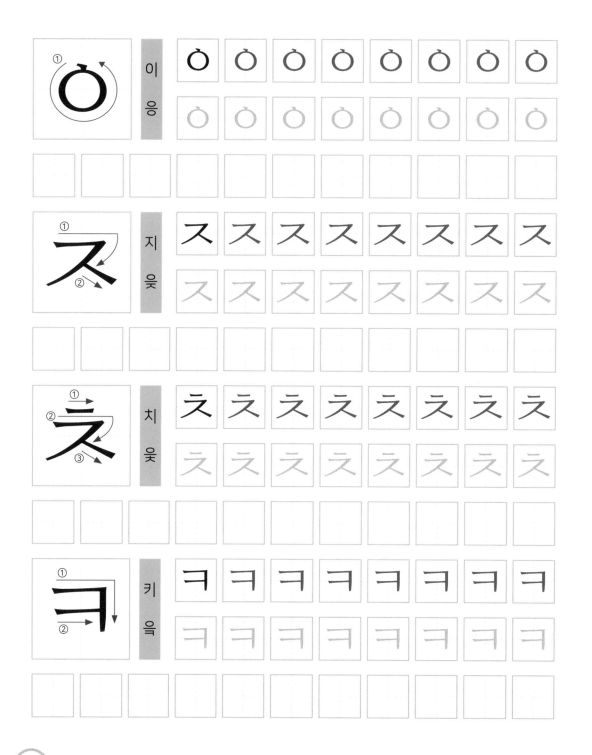

이응

ㅇ ㅇ ㅇ ㅇ ㅇ ㅇ ㅇ ㅇ

ㅇ ㅇ ㅇ ㅇ ㅇ ㅇ ㅇ

지읒

ㅈ ㅈ ㅈ ㅈ ㅈ ㅈ ㅈ ㅈ

ㅈ ㅈ ㅈ ㅈ ㅈ ㅈ ㅈ

치읓

ㅊ ㅊ ㅊ ㅊ ㅊ ㅊ ㅊ ㅊ

ㅊ ㅊ ㅊ ㅊ ㅊ ㅊ ㅊ ㅊ

키읔

ㅋ ㅋ ㅋ ㅋ ㅋ ㅋ ㅋ ㅋ

ㅋ ㅋ ㅋ ㅋ ㅋ ㅋ ㅋ

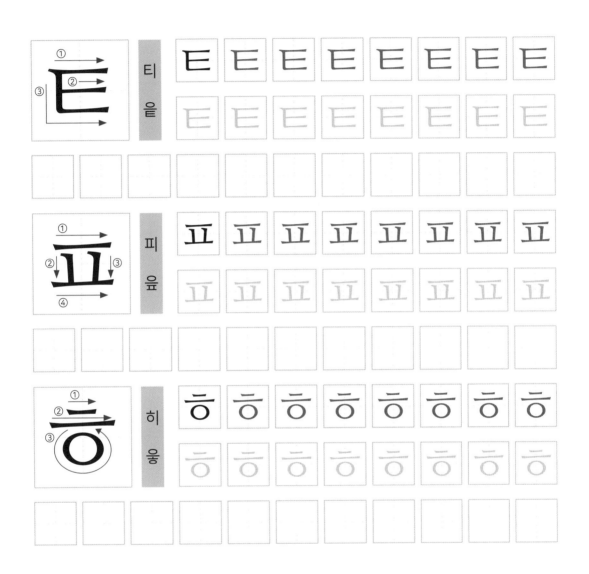

티읕

E E E E E E E E

E E E E E E E

피읖

ㅍ ㅍ ㅍ ㅍ ㅍ ㅍ ㅍ ㅍ

ㅍ ㅍ ㅍ ㅍ ㅍ ㅍ ㅍ

히읗

ㅎ ㅎ ㅎ ㅎ ㅎ ㅎ ㅎ ㅎ

ㅎ ㅎ ㅎ ㅎ ㅎ ㅎ ㅎ

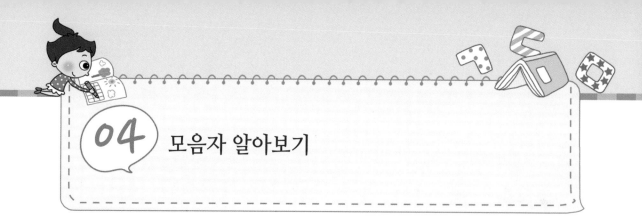

 바른 자세로 앉아 글씨를 써 볼까요?

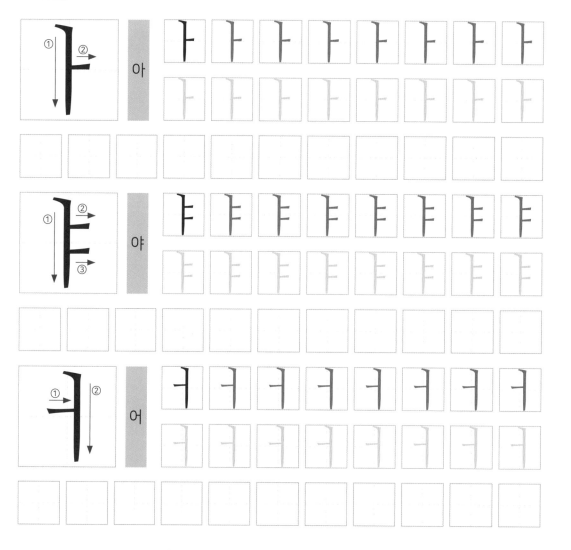

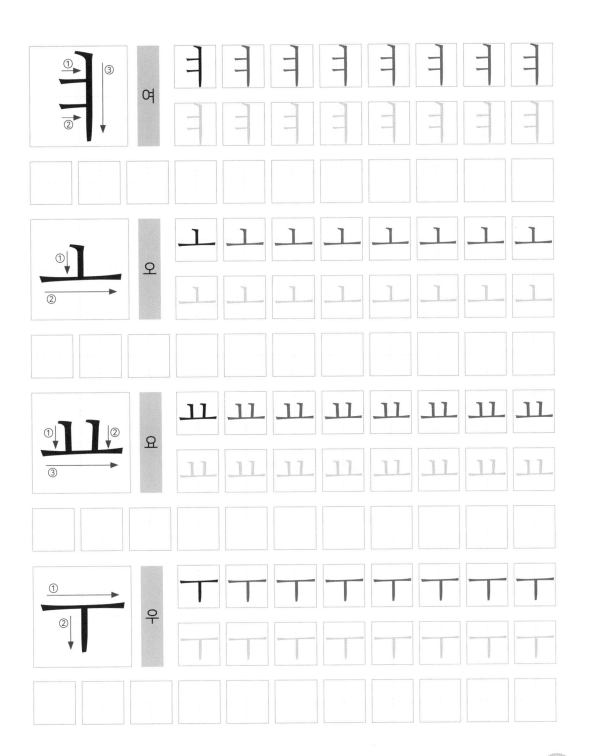

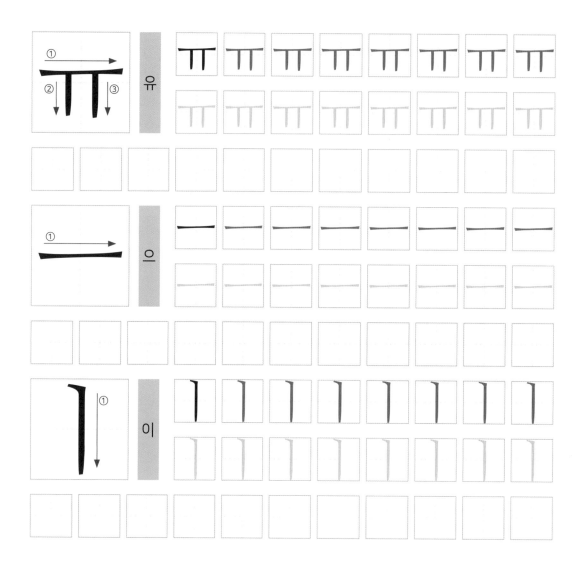

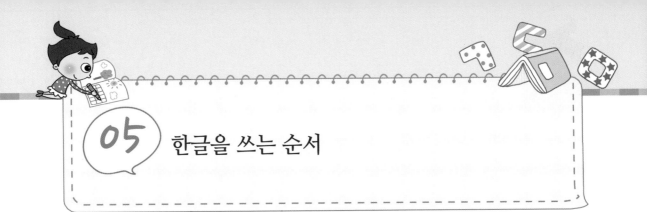

 자음을 먼저 쓴 후 모음을 쓰고 그 다음 받침을 씁니다.

| 학 | = | ㅎ | ▶ | 하 | ▶ | 학 |

 왼쪽을 먼저 쓴 후 오른쪽을 씁니다.

| 까 | = | ㄱ | ▶ | ㄲ | ▶ | 까 |

| 흙 | = | ㅎ | ▶ | 흐 | ▶ | 흘 | ▶ | 흙 |

| 애 | = | ㅇ | ▶ | 아 | ▶ | 애 |

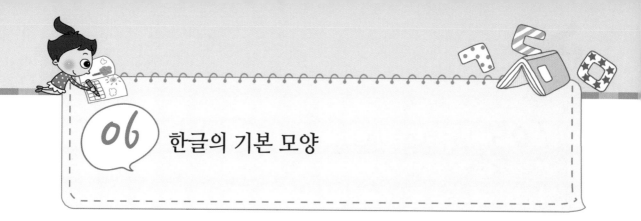

 한글의 기본 모양은 아래와 같이 ◁, △, ◇ 등이 있습니다.

1. ◁ 형태

2. △ 형태

3. ◇ 형태

이장

바른 자세로 읽고 쓰기

01 소리 내어 낱말 따라 읽기

02 낱말 따라 쓰기

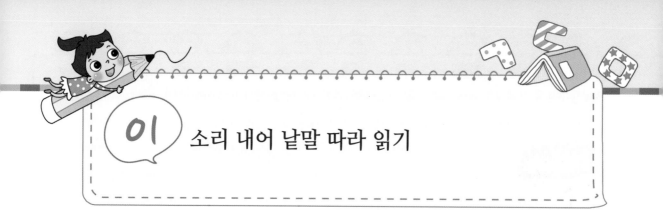

이 소리 내어 낱말 따라 읽기

 바른 자세로 소리 내어 읽으며 써 보세요.

나 나 나 나 나 나

너 너 너 너 너 너

우리 우리 우리 우리

친구　친구　친구　친구

친구　친구　친구　친구

선생님　선생님　선생님

선생님　선생님　선생님

아버지　아버지　아버지

아버지　아버지　아버지

어머니　어머니　어머니

어머니　어머니　어머니

아기 아기 아기 아기
아기 아기 아기 아기

다리 다리 다리 다리
다리 다리 다리 다리

기차 기차 기차 기차
기차 기차 기차 기차

바다 바다 바다 바다
바다 바다 바다 바다

연필　연필　연필　연필
연필　연필　연필　연필

지우개　지우개　지우개
지우개　지우개　지우개

가위　가위　가위　가위
가위　가위　가위　가위

색종이　색종이　색종이
색종이　색종이　색종이

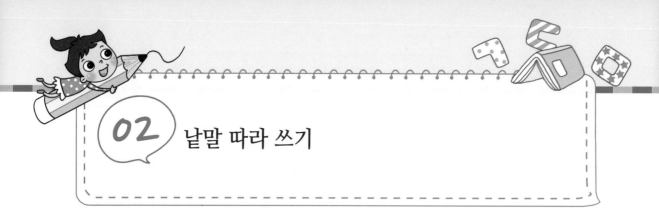

02 낱말 따라 쓰기

 낱말을 생각하며 써 보아요.

거미	거미	거미	거미
거미	거미	거미	거미

나무	나무	나무	나무
나무	나무	나무	나무

참새	참새	참새	참새
참새	참새	참새	참새

제비　제비　제비　제비

제비　제비　제비　제비

나비　나비　나비　나비

나비　나비　나비　나비

구두　구두　구두　구두

구두　구두　구두　구두

모자　모자　모자　모자

모자　모자　모자　모자

바지　바지　바지　바지

바지　바지　바지　바지

바구니　바구니　바구니

바구니　바구니　바구니

이름　이름　이름　이름

이름　이름　이름　이름

가족　가족　가족　가족

가족　가족　가족　가족

02장

 재미있게 ㄱㄴㄷ

 자음자의 이름 알기

 자음자의 이름을 써 보아요.

기역　기역　기역　기역

기역　기역　기역　기역

니은　니은　니은　니은

니은　니은　니은　니은

디귿　디귿　디귿　디귿

디귿　디귿　디귿　디귿

리을	리을	리을	리을
리을	리을	리을	리을

미음	미음	미음	미음
미음	미음	미음	미음

비읍	비읍	비읍	비읍
비읍	비읍	비읍	비읍

시옷	시옷	시옷	시옷
시옷	시옷	시옷	시옷

이응	이응	이응	이응
이응	이응	이응	이응

지읒	지읒	지읒	지읒
지읒	지읒	지읒	지읒

치읓	치읓	치읓	치읓
치읓	치읓	치읓	치읓

키읔	키읔	키읔	키읔
키읔	키읔	키읔	키읔

티읕　티읕　티읕　티읕

티읕　티읕　티읕　티읕

피읖　피읖　피읖　피읖

피읖　피읖　피읖　피읖

히읗　히읗　히읗　히읗

히읗　히읗　히읗　히읗

 자음자의 소리를 생각하며 써 보아요.

가지 가지 가지 가지

가지 가지 가지 가지

나무딸기 나무딸기

나무딸기 나무딸기

도토리 도토리 도토리

도토리 도토리 도토리

레몬　　레몬　　레몬　　레몬

레몬　　레몬　　레몬　　레몬

모과　　　모과　　　모과　　　모과

모과　　　모과　　　모과　　　모과

복숭아　　　복숭아　　　복숭아

복숭아　　　복숭아　　　복숭아

사과　　　사과　　　사과　　　사과

사과　　　사과　　　사과　　　사과

수박　수박　수박　수박
수박　수박　수박　수박

앵두　앵두　앵두　앵두
앵두　앵두　앵두　앵두

자두　자두　자두　자두
자두　자두　자두　자두

참외　참외　참외　참외
참외　참외　참외　참외

콩　콩　콩　콩　콩　콩
콩　콩　콩　콩　콩　콩

토마토　토마토　토마토
토마토　토마토　토마토

포도　포도　포도　포도
포도　포도　포도　포도

호박　호박　호박　호박
호박　호박　호박　호박

 자음자를 주의하며 써 보아요.

저고리　저고리　저고리
저고리　저고리　저고리

치마　치마　치마　치마
치마　치마　치마　치마

호수　호수　호수　호수
호수　호수　호수　호수

주머니　주머니　주머니

주머니　주머니　주머니

고라니　고라니　고라니

고라니　고라니　고라니

가루　가루　가루　가루

가루　가루　가루　가루

누나　누나　누나　누나

누나　누나　누나　누나

바나나　바나나　바나나
바나나　바나나　바나나

두더지　두더지　두더지
두더지　두더지　두더지

무지개　무지개　무지개
무지개　무지개　무지개

소나기　소나기　소나기
소나기　소나기　소나기

03장

 다 함께 아야어여

이) 모음자의 이름 알기

 모음자의 이름을 써 보아요.

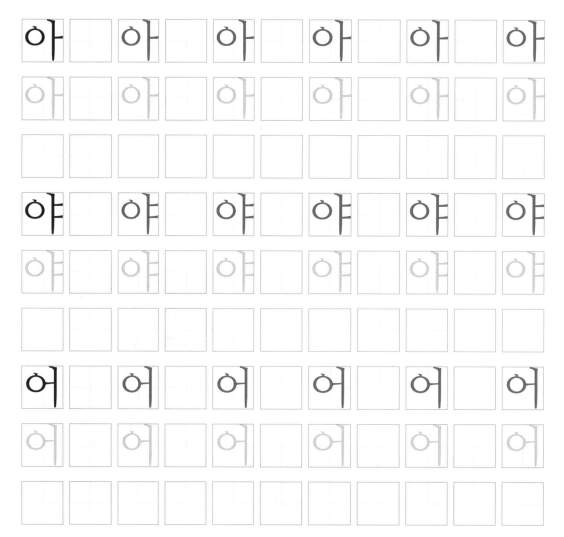

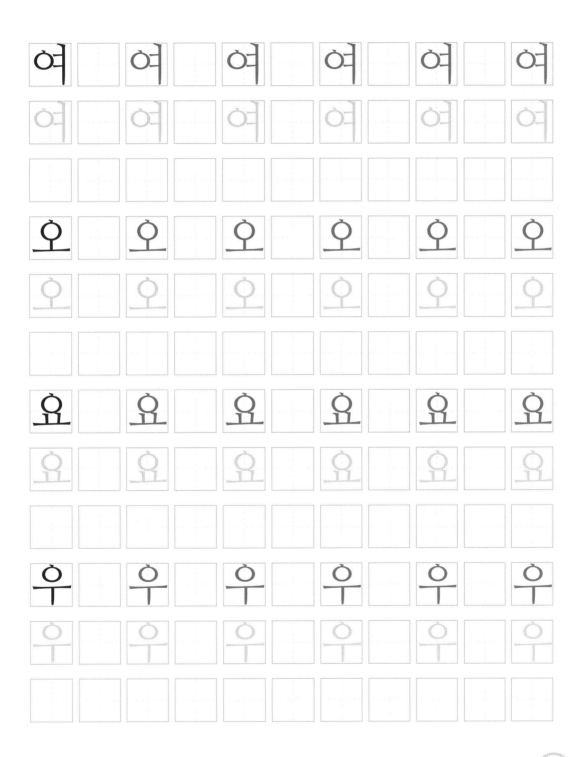

여 여 여 여 여 여

오 오 오 오 오 오

요 요 요 요 요 요

우 우 우 우 우 우

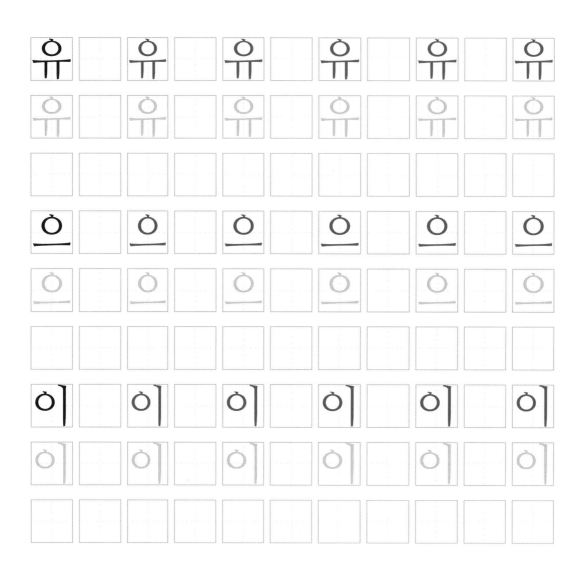

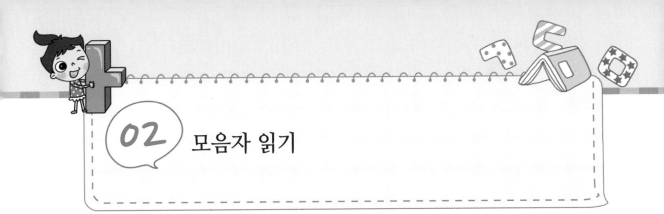

02 모음자 읽기

 모음자를 생각하며 써 보아요.

고구마　고구마　고구마

고구마　고구마　고구마

도라지　도라지　도라지

도라지　도라지　도라지

하마　하마　하마　하마

하마　하마　하마　하마

소고　소고　소고　소고
소고　소고　소고　소고

사자　사자　사자　사자
사자　사자　사자　사자

코끼리　코끼리　코끼리
코끼리　코끼리　코끼리

토끼　토끼　토끼　토끼
토끼　토끼　토끼　토끼

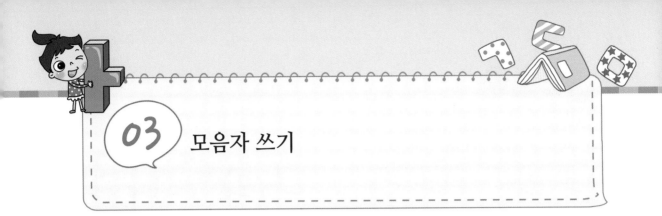

 모음자를 쓰는 순서를 생각하며 써 보아요.

너구리　너구리　너구리

너구리　너구리　너구리

구름　구름　구름　구름

구름　구름　구름　구름

오소리　오소리　오소리

오소리　오소리　오소리

나라　나라　나라　나라

야구　야구　야구　야구

양　양　양　양　양　양

버스　버스　버스　버스

여름　여름　여름　여름

여름　여름　여름　여름

겨울　겨울　겨울　겨울

겨울　겨울　겨울　겨울

요리　요리　요리　요리

요리　요리　요리　요리

우표　우표　우표　우표

우표　우표　우표　우표

우주　　우주　　우주　　우주

우주　　우주　　우주　　우주

우유　　우유　　우유　　우유

우유　　우유　　우유　　우유

유리　　유리　　유리　　유리

유리　　유리　　유리　　유리

그릇　　그릇　　그릇　　그릇

그릇　　그릇　　그릇　　그릇

04장

 글자를 만들어요.

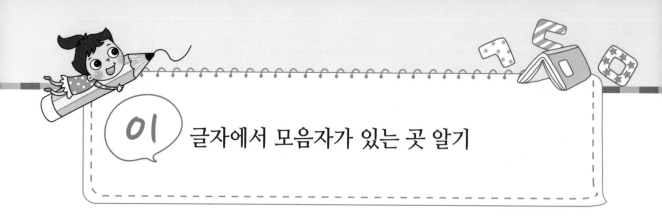

이 글자에서 모음자가 있는 곳 알기

 모음자가 어느 쪽에 있는지 살피며 써 보아요.

두루미 두루미 두루미
두루미 두루미 두루미

여우 여우 여우 여우
여우 여우 여우 여우

자라 자라 자라 자라
자라 자라 자라 자라

고모　고모　고모　고모
고모　고모　고모　고모

가마　가마　가마　가마
가마　가마　가마　가마

가수　가수　가수　가수
가수　가수　가수　가수

미소　미소　미소　미소
미소　미소　미소　미소

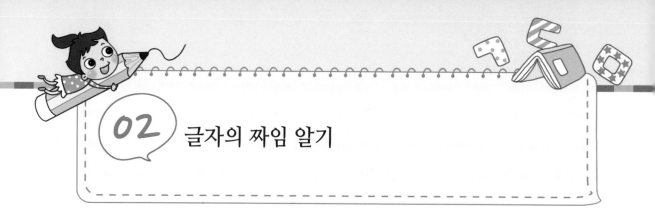

 글자의 짜임을 살펴보며 써 보아요.

차		차		차		차		차		차
차		차		차		차		차		차

소		소		소		소		소		소
소		소		소		소		소		소

초		초		초		초		초		초
초		초		초		초		초		초

고추　고추　고추　고추

고추　고추　고추　고추

보리　보리　보리　보리

보리　보리　보리　보리

노루　노루　노루　노루

노루　노루　노루　노루

피리　피리　피리　피리

피리　피리　피리　피리

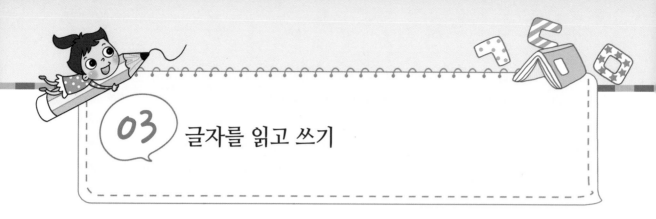

 글자를 생각하며 낱말을 써 보아요.

개	나	리		개	나	리		개	나	리
개	나	리		개	나	리		개	나	리

병	아	리		병	아	리		병	아	리
병	아	리		병	아	리		병	아	리

잠	자	리		잠	자	리		잠	자	리
잠	자	리		잠	자	리		잠	자	리

허리　허리　허리　허리
허리　허리　허리　허리

이마　이마　이마　이마
이마　이마　이마　이마

머리　머리　머리　머리
머리　머리　머리　머리

가구　가구　가구　가구
가구　가구　가구　가구

두부　두부　두부　두부
두부　두부　두부　두부

비누　비누　비누　비누
비누　비누　비누　비누

소라　소라　소라　소라
소라　소라　소라　소라

시소　시소　시소　시소
시소　시소　시소　시소

차표　　차표　　차표　　차표

차표　　차표　　차표　　차표

호두　　호두　　호두　　호두

호두　　호두　　호두　　호두

휴지　　휴지　　휴지　　휴지

휴지　　휴지　　휴지　　휴지

고기　　고기　　고기　　고기

고기　　고기　　고기　　고기

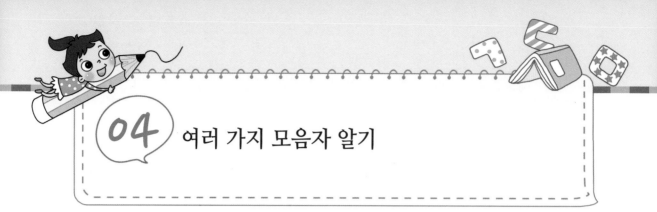

 여러 가지 모음자를 써 보아요.

애	애	애	애	애	애
애	애	애	애	애	애

에	에	에	에	에	에
에	에	에	에	에	에

외	외	외	외	외	외
외	외	외	외	외	외

위 위 위 위 위 위

위 위 위 위 위 위

와 와 와 와 와 와

와 와 와 와 와 와

워 워 워 워 워 워

워 워 워 워 워 워

왜 왜 왜 왜 왜 왜

왜 왜 왜 왜 왜 왜

넘어질까 봐, 달님이

넘어질까 봐, 달님이

따라오며 비추어 줘요.

따라오며 비추어 줘요.

개굴개굴 노래해 줘요.

개굴개굴 노래해 줘요.

05장

 다정하게 인사해요.

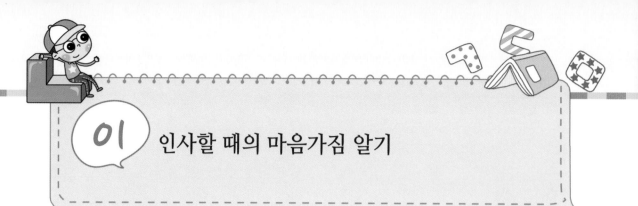

이 인사할 때의 마음가짐 알기

 인사할 때의 마음가짐을 생각하며 써 보아요.

어른	어른	어른	어른
어른	어른	어른	어른

간식	간식	간식	간식
간식	간식	간식	간식

빵	빵	빵	빵	빵	빵
빵	빵	빵	빵	빵	빵

예쁘게 인사하라고?

싫어 싫어. 나는 이렇

게 인사할 거야.

그런데 저게 뭐야?

그런데 저게 뭐야?

인사했더니 생글생글

인사했더니 생글생글

기분이 참 좋아요.

기분이 참 좋아요.

02 알맞은 인사말 알기

 언제 어떤 인사말을 할지 생각하며 써 보아요.

| 안 | 녕 | 히 | | 주 | 무 | 셨 | 어 | 요 | ? | |

| 안 | 녕 | 히 | | 주 | 무 | 셨 | 어 | 요 | ? | |

| | | | | | | | | | | |

| 잘 | | 잤 | 니 | ? | | 선 | 생 | 님 | , | 안 |

| 잘 | | 잤 | 니 | ? | | 선 | 생 | 님 | , | 안 |

| | | | | | | | | | | |

| 녕 | 하 | 세 | 요 | ? | | 어 | 서 | | 오 | 렴. |

| 녕 | 하 | 세 | 요 | ? | | 어 | 서 | | 오 | 렴. |

| | | | | | | | | | | |

맛있게　먹어라. 잘　먹

겠습니다. 조심해서　가

라. 안녕히　계세요.

학교　다녀왔습니다.　그

래,　잘　다녀왔니?　　잘ⅴ

자라.　안녕히　주무세요.

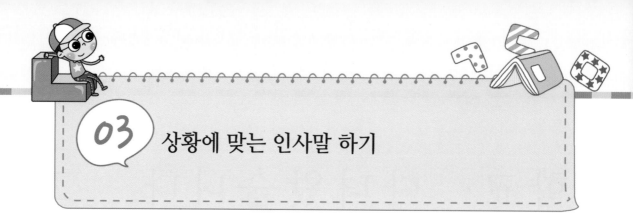

 인사말을 하는 상황을 떠올리며 써 보아요.

축하　축하　축하　축하
축하　축하　축하　축하

손가락　손가락　손가락
손가락　손가락　손가락

인형　인형　인형　인형
인형　인형　인형　인형

앞으로는 더욱 조심하

렴. 치료해 주셔서 감

사합니다. 고맙습니다.

잘　지냈니?　아버지,

잘　지냈니?　아버지,

안녕히　다녀오셨어요?

안녕히　다녀오셨어요?

만나서　반갑습니다.

만나서　반갑습니다.

06장

 받침이 있는 글자

 받침이 없는 글자와 받침이 있는 글자를 써 보아요.

자	자	자	자	자	자
자	자	자	자	자	자

잠	잠	잠	잠	잠	잠
잠	잠	잠	잠	잠	잠

코	코	코	코	코	코
코	코	코	코	코	코

콩　콩　콩　콩　콩　콩

콩　콩　콩　콩　콩　콩

파　파　파　파　파　파

파　파　파　파　파　파

팔　팔　팔　팔　팔　팔

팔　팔　팔　팔　팔　팔

무　무　무　무　무　무

무　무　무　무　무　무

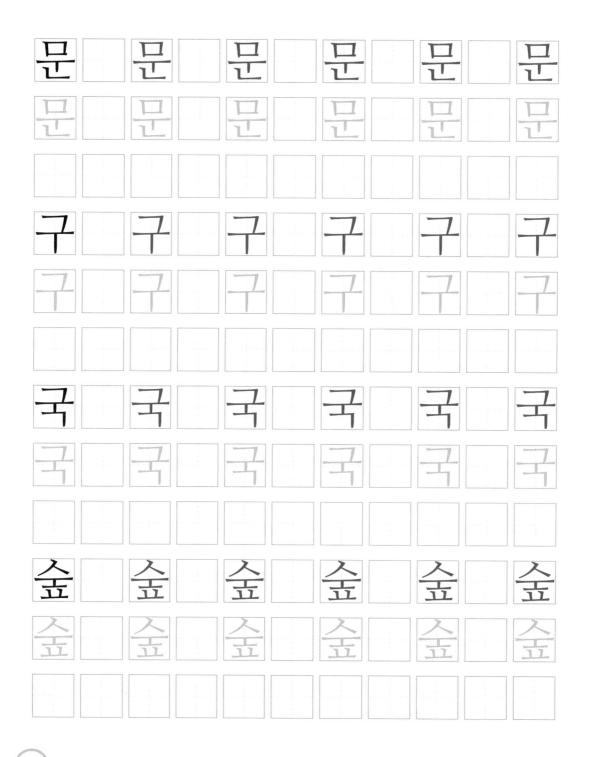

문	문	문	문	문	문
문	문	문	문	문	문
구	구	구	구	구	구
구	구	구	구	구	구
국	국	국	국	국	국
국	국	국	국	국	국
숲	숲	숲	숲	숲	숲
숲	숲	숲	숲	숲	숲

집   집   집   집   집   집

집   집   집   집   집   집

돌   돌   돌   돌   돌   돌

돌   돌   돌   돌   돌   돌

밭   밭   밭   밭   밭   밭

밭   밭   밭   밭   밭   밭

강   강   강   강   강   강

강   강   강   강   강   강

 받침이 있는 글자를 주의해서 써 보아요.

예쁜 꽃이 피었습니다.

예쁜 꽃이 피었습니다.

깡충깡충. 깡충깡충.

깡충깡충. 깡충깡충.

폴짝폴짝! 폴짝폴짝!

폴짝폴짝! 폴짝폴짝!

언덕을 만들어 줄 테

니 쉬었다 가렴.

왜 그렇게 도망가니?

토끼를 쫓아가면 안

돼. 나랑 같이 놀자.

어흥! 아이, 깜짝이야.

커다랗고 새하얀 솜사

탕. 천천히 먹어. 솜사

탕은 아주아주 크니까.

받침이 있는 글자 쓰기

 받침이 있는 단어를 써 보아요.

| 엄 마 | 엄 마 | 엄 마 | 엄 마 |

| 못 물 | 못 물 | 못 물 | 못 물 |

| 풍 덩 | 풍 덩 | 풍 덩 | 풍 덩 |

칠판　칠판　칠판　칠판
칠판　칠판　칠판　칠판

화분　화분　화분　화분
화분　화분　화분　화분

필통　필통　필통　필통
필통　필통　필통　필통

책상　책상　책상　책상
책상　책상　책상　책상

못물 위에 둥둥

엄마 따라 동동

거꾸로 꽂지 마시오.

07장

 생각을 나타내요.

01 그림을 보고 문장 만들기

02 문장을 쓰고 읽기

03 문장을 소리 내어 읽기

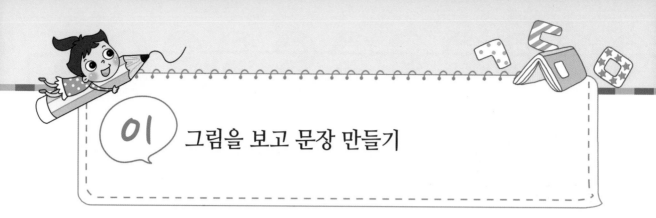

 교과서의 그림을 보고 문장을 써 보아요.

두꺼비　두꺼비　두꺼비

두꺼비　두꺼비　두꺼비

자전거　자전거　자전거

자전거　자전거　자전거

문어　문어　문어　문어

문어　문어　문어　문어

항아리가　깨졌습니다.

콩쥐를　도와줍니다.

자라의　등에　탔습니다.

자라가 토끼에게 인사

를 합니다. 어머니는

웃으며 손을 흔듭니다.

동생은 같이 가고 싶

다고 발을 구릅니다.

공을 발로 찹니다.

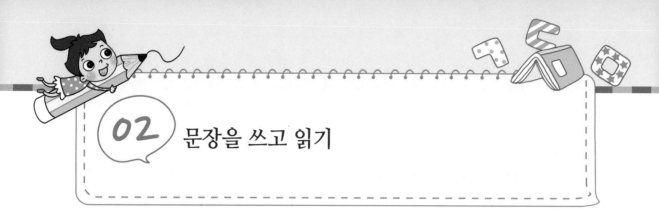

 누가 무엇을 하고 있는지 생각하며 써 보아요.

꽃잎	꽃잎	꽃잎	꽃잎
꽃잎	꽃잎	꽃잎	꽃잎

소낙비	소낙비	소낙비
소낙비	소낙비	소낙비

방울방울		방울방울	
방울방울		방울방울	

악어가 이를 닦습니다.

악어가 이를 닦습니다.

사자가 북을 칩니다.

사자가 북을 칩니다.

이슬이 닦아 주니까.

이슬이 닦아 주니까.

주룩주룩 소낙비 씻어ⵠ

주룩주룩 소낙비 씻어ⵠ

주니까. 돌고래가 물

주니까. 돌고래가 물

위로 뛰어오릅니다.

위로 뛰어오릅니다.

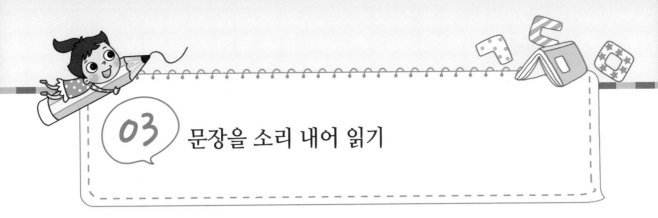

 문장을 읽으며 써 보아요.

자세히　자세히　자세히

자세히　자세히　자세히

돌멩이　돌멩이　돌멩이

돌멩이　돌멩이　돌멩이

플라스틱　플라스틱

플라스틱　플라스틱

이게 뭐예요? 집으로∨

이게 뭐예요? 집으로∨

데려가서 자세히 살펴

데려가서 자세히 살펴

볼까? 우리는 부지런

볼까? 우리는 부지런

히　집으로　돌아왔어요.

아빠가　예쁜　달팽이

집을　만들어　줄게.

달팽이와 풀을 달팽이∨

집 속에 넣었어요.

움직이기 시작했어요.

08장

 소리 내어 또박또박 읽어요.

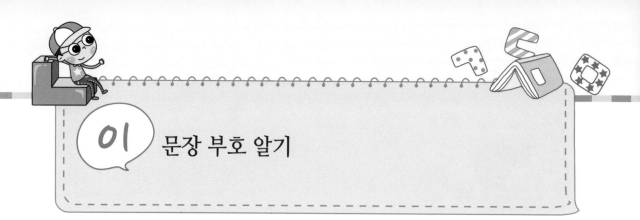

 문장 부호에 따라 느낌이 어떻게 다른지 알아보며 써 보아요.

형	님	,	여	기		계	셨	군	요	!
형	님	,	여	기		계	셨	군	요	!

어	찌		내	가		네		형	님	이
어	찌		내	가		네		형	님	이

냐	?		그	게		정	말	이	냐	?
냐	?		그	게		정	말	이	냐	?

그래? 내가 어머님께∨

그래? 내가 어머님께∨

큰 잘못을 했구나!

큰 잘못을 했구나!

여우가 꾀를 냅니다.

여우가 꾀를 냅니다.

 문장 부호의 알맞은 쓰임을 생각하며 써 보아요.

| 까치 | 까치 | 까치 | 까치 |

| 까치 | 까치 | 까치 | 까치 |

| | | | |

| 메뚜기 | 메뚜기 | 메뚜기 |

| 메뚜기 | 메뚜기 | 메뚜기 |

| | | |

| 빨대 | 빨대 | 빨대 | 빨대 |

| 빨대 | 빨대 | 빨대 | 빨대 |

| | | | |

아우야! 어머님은 잘∨

계시냐? 네, 건강해지

셨어요. 잘되었구나!

따뜻할 때 빨리 드세

따뜻할 때 빨리 드세

요. 어머님께 잘 먹었

요. 어머님께 잘 먹었

다고 꼭 전해 드려라.

다고 꼭 전해 드려라.

 문장 부호에 따라 띄어 읽는 방법을 생각하며 써 보아요.

이름을 복실이라고 지

이름을 복실이라고 지

었구나. 참 예쁘다 !

었구나. 참 예쁘다 !

친구가 되었다니 기뻐.

친구가 되었다니 기뻐.

너와 친구가 되어 좋

너와 친구가 되어 좋

아할 거야. 보고 싶어.

아할 거야. 보고 싶어.

우리 집에 놀러 올래?

우리 집에 놀러 올래?

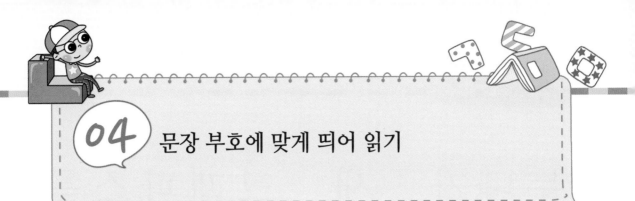

 문장 부호를 생각하고 알맞게 띄어 읽으며 써 보아요.

생일 선물로 강아지를 ∨

받았어요. 조그맣고, 따

뜻하고, 간지러워요.

누나가 새 크레파스를 ∨

빌려 달래요. 나는 복

실이가 정말 좋아요.

09장

 그림일기를 써요.

01 그림일기 읽기

02 그림일기를 쓰는 방법 알기

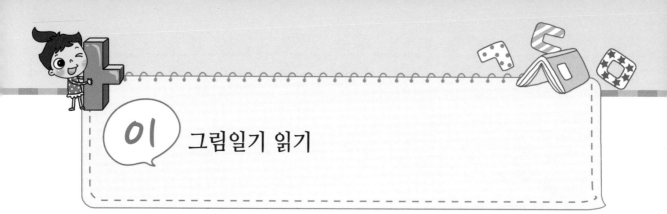

 그림일기를 읽으며 써 보아요.

통닭과　과자를　맛있게 ∨

통닭과　과자를　맛있게 ∨

먹었다. 내　생일도　빨

먹었다. 내　생일도　빨

리　왔으면　좋겠다.

리　왔으면　좋겠다.

공을 세 번 굴렸는데∨

깃발은 한 개만 넘어

졌다. 더 연습해야겠다.

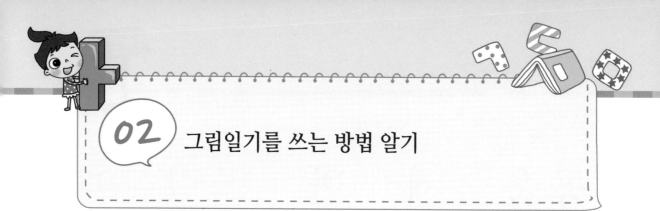

02 그림일기를 쓰는 방법 알기

 그림일기를 쓰는 방법을 생각하며 써 보아요.

찰흙　　찰흙　　찰흙　　찰흙

오랜만에　　오랜만에

볶음밥　　볶음밥　　볶음밥

선생님께　칭찬받았다.

또　만들고　싶다.　친구

가　나를　놀렸습니다.

삼촌이 우리 집에 오

삼촌이 우리 집에 오

셔서 반가웠습니다. 초

셔서 반가웠습니다. 초

롱이가 새끼를 낳았다.

롱이가 새끼를 낳았다.